WHAT COMES BACK

What Comes Back

Javier Peñalosa M.

Translated by Robin Myers

COPPER CANYON PRESS

PORT TOWNSEND, WASHINGTON

Excerpts from *What Comes Back* first appeared in *The Offing* and *Circumference*.

Cover art: Zoe Leonard, *Untitled Aerial*, 1988/2008. Gelatin silver print,
86.3 × 60.5 cm (34 × 23⅞ in). © Zoe Leonard. Courtesy of the artist,
Galerie Gisela Capitain, Cologne, and Hauser & Wirth.

Copper Canyon Press is in residence at Fort Worden State Park in Port Townsend,
Washington, under the auspices of Centrum. Centrum is a gathering place for artists
and creative thinkers from around the world, students of all ages and backgrounds,
and audiences seeking extraordinary cultural enrichment.

LIBRARY OF CONGRESS CATALOGING-IN-PUBLICATION DATA
Names: Peñalosa M., Javier, 1981– author. | Myers, Robin, 1987– translator. |
Peñalosa M., Javier, 1981– Los que regresan. | Peñalosa M., Javier, 1981–
Los que regresan. English.
Title: What comes back / Javier Peñalosa M. ; translated by Robin Myers.
Description: Port Townsend, Washington : Copper Canyon Press, 2024. |
   Parallel text in Spanish and English. | Summary: "A collection of poems
   by Javier Peñalosa, translated by Robin Myers"— Provided by publisher.
Identifiers: LCCN 2023052780 (print) | LCCN 2023052781 (ebook) |
   ISBN 9781556596841 (paperback) | ISBN 9781619322967 (epub)
Subjects: LCSH: Peñalosa M., Javier, 1981– — Translations into English. |
   LCGFT: Poetry.
Classification: LCC PQ7298.426.E539 L6713 2024 (print) |
   LCC PQ7298.426.E539 (ebook) | DDC 861/.7—dc23/eng/20231113
LC record available at https://lccn.loc.gov/2023052780
LC ebook record available at https://lccn.loc.gov/2023052781

9 8 7 6 5 4 3 2 FIRST PRINTING

COPPER CANYON PRESS
Post Office Box 271
Port Townsend, Washington 98368
www.coppercanyonpress.org

Contents

The family of paronyms that includes river, ravine, río, rúa, rue, rius—from the Latin rivus—*suggests that many transportation routes were once rivers that went dry, or ran low, for thousands of years, until they became paths, like the gorge that leads to the city of Petra.*

MANUEL PEREIRA

WHAT COMES BACK

We set out when the last thrush took flight. I made a mark in the dirt with my toe.

We walked. We walked all day. There were three of us, five of us, sometimes nine.

The oldest of us would speak aloud, but his words bore no resemblance to what we saw.

Each of us brought along our own signs and our own body to interpret them.

Late on the second night, we built a fire.

One who had been with us since the beginning fell asleep beside me and started talking from the depths.

The water comes through here, he said.

Where?

I couldn't tell you where.

And he shifted and returned to his dream. I covered him with a blanket and watched the embers go dark, not speaking.

One carried a handful of coins. Another had a name strung around her neck. Another dragged a wooden crate across the gravel. I wanted to walk without bending my body, wanted to bear my own weight, to be vertical. We wanted to protect our provenance.

We brought pebbles in our shoes, grain for the birds, the most precious things we'd gathered under the firmament.

Those were the days of the Great Works. They called the cavity *construction*.

Out there, a group of men was making the next century's ruins.

They used steel spikes to split and crush the stones one blow at a time. That's what we heard: their nails were black from digging.

And someone else said that a well is the cast of our yet unbroken days.

Because there was more than one of us, because we'd quickened our steps so we wouldn't fall behind the others, because we were searching too, we gathered together.

We were from the north and the south, from the deepest part of the basin, from the east and the west, from cardinal points invisible on maps. Because we all, somehow or other, had come from the horizon, we gathered together.

At dawn, a line of light appeared in the distance.

It wasn't the first, but this light was different for us. As in the old books, it sundered what was united in darkness and gradually revealed its shapes. It separated above from below.

And we couldn't see the water, but something fluttered on its surface.

The great firmament above and us below.

The inverse of the water above and us below.

It was on the morning of the fourth day that we could see where we were going. We had bread, sun, clarity.

We were the one who's lost a key and holds it in his hand. The path was alive in us and it was good and gentle under our feet.

We kept walking. We were the words on their way.

What we loved moved forward too—like us, with us. There was a tenderness in the weight of the light and in the tracks the animals had left behind. We yielded to the same strength that undoes the buttons of the medlar fruit, that bends and snaps the branches.

I repeated the sound of my own nine syllables and for a moment I felt like I could call the trees by their names.

Behind the mountain, the riverbed. The lights are shining behind the mountain, he said.

I remember a docile door in the last row on the left side of the alley. And he signaled to a point lost in the distance. Behind the mountain.

We wanted him to take us there, to lead us inside.

The table is probably set, he said.

Behind the mountain, the riverbed. Behind it, the shining lights. Behind, behind, as if on the other side of things, as if the missing piece were always hidden behind the face we see.

But behind the mountain, the mountain. And the riverbed was an empty bowl.

The water comes through here, he said. And gestured like a clumsy god to a dry hollow.

Landscapes don't preserve what happens along the length of them. A riverbed doesn't keep the river's running water; the stones don't retain their moss, don't conserve the flight of passing birds, don't gather shadows.

We want to reach the place that calls to us. But we're following a path sketched in memories and our straight line is a spiral.

Our shoes heavy, our bodies a puncture, we followed the riverbed down.

And all we found were stones.

Raised stones, with names and dates, stones of different shapes and colors. It was a field ready for farming.

I drifted from the group and walked gingerly, trying not to tread on them. I wanted to find my grandfather's stone.

And the nameless stones were there too, piled on top of one another. The stones they used to build the walls, the walls we used to build our houses.

But landscapes also preserve what happens along the length of them.

Stones also store fire and are polished with the strength of water or wind.

If animals sleep there, if a thistle grows or a fruit ripens, if a group of people crosses the mountain early in the morning, the land starts filling up like a vessel until it can hold no more, and spills over.

We heard rumors that others were gathering in the darkness. That they had light but were using it to blind. That they had words and were using them to separate.

They were the ones who had obstructed the path, the ones who had locked the doors. They were the ones with red-stained hands, the century's embittered, the wrathful breakers of bones.

And they were moving forward too.

Like someone who turns away for a moment and then finds nothing when they glance over their shoulder, or like someone who fixes their gaze on a distant point in the sky and watches it disappear, like someone who *loses sight of.*

In this way, we were abandoned at dawn by what we'd thought was evident.

Or we don't know if it quickened its pace, or lost its way, or if it's traveling with them, or if they stole it for themselves. If we'll ever see it again.

None of us knew where to find the red-stained ones, the brusque-skulled.

And one of our own said mournfully: We opened a door. We left it open all night long.

No. They were here before the doors were.

They were here at the same time we were.

All hours are their hour.

But ours too.

But what violent wind has moved them, what hurricane are they the children of.

What is their strength, deep, blunt, tutelary. What dark idea do they converge beneath. What is their sign's dark metal.

We were very still as we pondered these questions, not knowing where to put our fear (in the rough wooden crates, or in the shoes we can't wear).

And no one wanted to keep walking.

And one of us spoke:

They're thirsty too, she said. And they're someone's aching heart. Like hunting beasts, like ready claws, death is their way of being alive.

And this weighed heavily on our spirits, and it seemed like the birds flew more slowly and were now traveling in the opposite direction.

We spent that same evening circling a single point. We orbited with the gravity of what had come to be. Turning circles was our way of going.

Someone raised his voice and his words strayed as in the nervous hands of a mailman who can't locate an address.

Since we're not an animal that lives low to the ground, its body hunkered in wait, we spent that evening turning circles.

The path disappeared and so did a certain sweetness in the eyes. More than a hundred thrushes and countless pigeons disappeared. The crate of candles disappeared. In *contemplation* the temple disappeared. In *consideration* the sky and stars disappeared. And one afternoon, Raúl disappeared too. His stumbling and his flowers.

They disappeared or went somewhere else.

Tiny beetles appeared around the buds of a tree. A thorn appeared that was shaped like a fish. And we couldn't explain how the scent of rain arrived in the morning. Calligraphy appeared on the stones and a hushed deer along the path. Thistles, thrushes, and nests among the trees.

They appeared or went somewhere else.

In the morning, someone from the mountains began to whistle as we walked.

The bird is called *brown-backed solitaire.* I heard it once in the middle of the day. There were other cages too, and in the spaces between the wires, there were cardinals, finches, canaries, and parakeets, their throats serene.

And he kept whistling all the way down the San Juan slope. And I remembered his song in someone else's mouth and I felt like shattering something made of clay.

It was going to rain. The clouds sank low. They were very heavy and it smelled like damp. I closed my eyes.

I can't remember his name, but I recognized his voice and his body lurching as he walked, dragging his leg behind him.

He could read the birds and the ant trails. We cared a great deal about the relationship between above and below.

Around midday, we sat in a circle in the shade of a tree. One who was called the Crow, who hadn't opened his mouth since we left, handed out ripe figs that we split with our fingertips.

And from the top of the hill we could see the ruins that rose in the distance like the backs of beasts. The city was a motionless stampede.

This is the place where the mountain ranges meet, this is the high place where they fasten together, this is the vessel of water where the animals come to drink.

And we're the lighted line in the valley, descending toward the basin like walking fireflies.

The woman from Remedios spoke up:

The house where I grew up was made of stone, but it was built on mud. The street was also stone, and so were the arches, and so was the baptismal font that named the days and the ghosts.

The city where I grew up was made of stone, but it's sinking into mud.

We went in because the door was open. We called to him several times by his name and only the echoes of our voices replied. The bed was rumpled, the curtains closed. We called him by his name.

We looked on the roof and behind the furniture. We repeated his name until the name ceased to be a name and was now only a dry sound flecking the walls of the house.

This is all that's left of him: on one of the walls in the yard, his height was marked with a pencil point.

A body's marginalia on the wall.

A back leaning against the cold stone and every year a horizontal line traced across the top of his head.

Here is a mark for the year the lemon tree bore fruit, and another mark for when his teeth grew in. And this last mark is his limit with the world.

And at night, his brother asked the body questions, but the body didn't answer as it once had. It was very dark. I couldn't say whether there were birds flying overhead or someone else was moving.

Lying faceup on the ground at night, I opened my eyes and I could see them. They were the ones who walked with me; they were floating, their bodies suspended above me.

But they didn't shine. They didn't shine up there; their bodies were opaque, like planets.

We want to find the cool water and wash ourselves; we want to slip our hands into the water and dunk our heads and quench our thirst.

We don't want the sorrow of the sedentary, the mourning of the motionless. We don't want to stay seated, watching them go.

We're all standing on our own two feet and moving out of love or instinct.

We're looking for the water's living body. We want the living body of the water.

It was the old man who told us that the water had been split in two. Before us, in the days of grain, they raised a wall under the crag and the salt water could no longer run through.

That year, fresh water filled gourds and mouths, the lungs of a pig that floated along the canals.

All the salt scattered, all the salt drowned, and the dry salt too. And a salt island in the middle of the water and a puddle of water around the salty roots and then nothing, not water or puddle or salt.

We weren't all the same size. We weren't all the same.

How many of us were there?

We were the ones from the beginning. There were two, three, sometimes nine. I can't remember.

How many of us were there?

We swam in the river in the morning. The water was sweet, and it burned as it wet us. The current was gentle and it didn't pull us under, but I don't remember how many of us there were.

It's like we're blind, marching one after another. This isn't the place we wanted to come to. Is the body of the water what we were looking for?

The one from San Juan has been convinced for days that we're already home. The Crow always thinks we're about to begin. The old man hasn't opened his mouth. We don't know whether we're going or coming back.

We are the words that will wound.

A great weight pulled us downward. It wasn't gravity.

And we decided to speak aloud, to keep our voices from falling away, to keep them alive like flames. And we repeated, again and again: the water that goes away must come back, the water that goes away must come back.

Because things don't disappear, a rooster crowed in the morning and there were new cracks in the walls.

I opened my mouth but I didn't get it right and my own mouth was the hollow space.

All the islands are going under. The water will rise. The islands are going under.

There is no water.

Be patient. The islands are going under. The flanks, the little beaches formed on the shorelines. All the islands are going under, he said.

What's an island? I asked.

An island is when you can't find your shoes in the morning. An island is words you don't know how to say and it seems like they're floating but they're touching your tongue. An island is a memory of your mother. An island is a back rising from the water.

I don't see any islands.

We're on an island right now. Can't you see it? We're floating.

There is no water here.

All the islands are going under, all the valleys. They're not going to burn: they're going under and they'll take us with them into the water.

In the cathedral of dry things, we laced our fingers and said a prayer for those who don't think we're going to burn.

They're gathering outside to set fire to the rowboats. They have the fire but nothing to put it out with.

The only boat is our body, she said.

We know this.

We heard rumors that the water was growing.

It's what we've been waiting for. She's our lost little girl and we're the father searching among the feet of passersby.

No, said the old man. She's our mother and we're the lost children in the town square.

Río de los Remedios, Río de la Piedad, Río Magdalena, Río Consulado, Río San Joaquín, Río de las Avenidas, Río San Juan Teotihuacán, Canal de la Compañía, Río San Buenaventura, Canal de Chalco, Canal de la Viga, Río Mixcoac, Río Hondo, Río San Rafael, Acueducto de la Verónica, Río Ameca, Río Tlalnepantla, Río Tacubaya, Río San Javier, Río Tepotzotlán, Río San Pedro, Río la Colmena.

The water's body can't be buried, it always comes back, it doesn't know how to disappear.

We walked so we could feel the water, so we could be closer to a body larger than our own, so we could be sure that our mouths, hands, and teeth were in the same place, in this world.

Near our words with the world, the net that gathers all things descended, closed over us. Not the huddled ones; the ones stretched out with upward-thrusting strength. Our size is vertical.

Ungathered, unbent, and upward, with the strength that holds this stone in the air.

WHAT COMES BACK

María Eugenia

The sign of her house was invisibility. She would move her body about, leaving blank spaces among the furniture. Sparrows and beggars would come to drink water in her yard.

She'd offer the music of abandoned objects, a violin with a broken bow, dry stalks, a balance struck by dust. There was a tension in the objects of her faith, calendars in the mangers. The water always simmered in her kitchen.

FERNANDO

The body sprawled on the couch like a little boat about to cast off at one o'clock on a Saturday afternoon. The hands laced over his chest are the still oars of his voyage. Laid out in the middle of the living room, he roams the labyrinth of his body with his head cloaked in light. His brothers and sisters break bread at the table and bring it to their children's mouths. And now a beard is born from his cheekbones. About to set sail, Fernando is the question that his body asks and we cannot answer.

Elena

They'd wake with the slowness of animals. They'd have touch and breath, skin in the early mornings. The nape of her neck was a den of dark threads at first light. And the music would come from nowhere to find her voice and her body's soft movement in the bedroom.

These were the ripe apples we didn't gather from the ground.

MANUELA

She always remembered the names of her parents and an early morning journey along the highway. The streetlamps, the cobblestones under the horses' hooves.

Daughter of a mother dead young. Her hands were warm and they learned to recognize the faces they touched.

Outside, in the yard, the dogs barked at someone or something that she couldn't see.

Ignacio

There's a restlessness in the stainless steel of the bridges, in how they're suspended over the water running underneath. A bridge isn't the union of two shores. A threshold isn't a door. Stillness is a living thing in the tree bark.

There were years in this body, words, oscillation. The evening my father died, I walked among the crowd.

María Cecilia

There won't be any shade beneath the branches, no sprouts in the dust. The unborn will be thirsty, and in the distance we'll hear the smallest as he moves, sapped of strength.

And she'll emerge from the house. She'll make her way toward him with water cupped in her hands and she'll trickle it into his mouth for him to drink.

CARMEN

You have to be silent for the murmur to reach you. Beside you, behind me, above us.

It's the voice on the radio that hovers between stations, hallelu-jah. It's the folds of the curtains, the engines laboring to start.

It's the knuckles of my son.

You have to close your eyes. When we were little, my sisters and I sang to the invisible god of benches.

PABLO

I see where the dock used to be, the ash from the firewood. A chair falls.

I see the gentleness of the machines at night. The empty plates. The animals' cluttered house. I see the crowd filing along a narrow street, following the call for their death. Their bones are so soft.

I see my mother breathing as she sleeps, the heart of the questions.

Irma

When you close your eyes while you talk, I imagine you coming out of the abyss and into your words, out of the darkness and into the bodies' domestic light.

When you close your eyes, your words are shadows lengthening around the bedroom, beyond the door, and farther still, toward the street. Shadows that stretch without breaking.

ANÁHUAC

Río de los Remedios, Río de la Piedad, Río Magdalena, Río
Consulado, Río San Joaquín, Río de las Avenidas, Río San Juan
Teotihuacán, Canal de la Compañía, Río San Buenaventura,
Canal de Chalco, Canal de la Viga, Río Mixcoac, Río Hondo,
Río San Rafael, Acueducto de la Verónica, Río Ameca, Río
Tlalnepantla, Río Tacubaya, Río San Javier, Río Tepotzotlán,
Río San Pedro, Río la Colmena.

WHAT COMES BACK

Before (say the books),
the aqueduct
descended from the spring
to the mouth of the well.
           All day and all night
           you could hear the pebbles
           running in the water.
And all we found was a mass of rocks
strewn across the plot. Discarded shoes,
tin cans, condoms, bottle shards.

           The eye of the water has been patched over.
           But the half-blind still see.

It happened by the arches on September 21, 1948.

Pablo, son of Luz and Pablo.

Eugenia, Isabel's only daughter. No record of her father's name.

    Come into the shade.

    Here.

    In the shade.

We know the scene:

Eugenia looked at the shadows cast by trees onto the gravel

    (this is all that's left of us).

He would write her name in uppercase letters on the tree bark

    (this is all that's left of us).

She wore a white dress whose flowers, years later, would bloom.

Night-blooming cereus, acacias, daisies, bromeliads,
bougainvilleas, frangipani, hyacinths, hand-flowers,
all perfectly threaded
into cloth.

All I'm saying is that they sank their feet
into the clay
and that it was thick and hot
(alive as a living entrail
and open in the wet mud).
Gravity wasn't the force that moved them inward.
It wasn't gravity.
All I'm saying is
the earth stiffened like another skin on their skin
and the shade from the tree
made new fissures in their bodies.

And they wonder how it got here,
where they brought it from. Who, especially
who.

They don't know if it's the one Eduardo wept for,
if it's the same one that used to fill the wells,
or if it was softer in the morning.

The eye of the water has been patched over.

The people gathered there
began to raise their voices.
They said: I saw it,
yesterday it passed a few meters from my house.
I heard it a week ago,
I recognize its footsteps
as if they were mine.

But we never know what we're seeing
for the last time.
Every hour is a parting.

How does a body
of water get its name,
how does a river.
It's called a rift or current,
the cleft of its birth,
what it leaves on the edges
or what it drags along.

Can it be named, the empty bed,
the water's mouth?

This (which is absent from the records)
was what it showed us:
three birds came down from the open sky.
One black and swift
that cawed only at night
and stole the grain.
Another, like a graft of some strange fruit,
hid inside a tree
and we never saw it again.

And the last was a carrion bird
that still flies incessantly in circles
above where the water ran through.

She'd look at the shadow cast by her body onto the gravel
and mistake her shadow for the shadow
of the tree branches
and when the wind blew it was a single
shadow moving on the earth.

Height: 153 cm.

Complexion: Brown. Light brown.

Distinguishing features: Three small moles beneath her jawbone that form an ascending line, pointing beyond her body. Oval scar on her belly. Burn scar on the palm of her hand. Bare neck.

They were hung from the lowest branch
and didn't touch the ground.

From a distance it looked
as if someone had swathed El Sabino
with multicolored flags
for the May festivities.

But when they came around the bend
they clearly saw the shapes
of hanging clothes.

They couldn't hear the voices
of the ones underwater.
The back of the river was still,
a gentle beast.

Magdalena, Remedios, and Piedad,
dry bodies where the water doesn't run,
we'd cup our hands
to wet your names.

This is the time of day
when the sharpening stones
wear mourning dress in the backyards.

Magdalena, Remedios, Piedad,
darkness is a kind of patience.

What's broken isn't the corn
but the fist-flowered mouths
(in photographs, their teeth are blunt and white),
what cracks inside
with no clean break.

What's broken
is what's gaining tension,
the gesture turned to grimace.

The onlookers
gathered around it
and readily dug a ditch
and brought it there for burial;
the earth was red,
not black.
Together, they placed it
into the darkness of the vessel.

Someday you'll reap what you've sown.

Río de los Remedios, Río de la Piedad, Río Magdalena, Río Consulado, Río San Joaquín, Río de las Avenidas, Río San Juan Teotihuacán, Canal de la Compañía, Río San Buenaventura, Canal de Chalco, Canal de la Viga, Río Mixcoac, Río Hondo, Río San Rafael, Acueducto de la Verónica, Río Ameca, Río Tlalnepantla, Río Tacubaya, Río San Javier, Río Tepotzotlán, Río San Pedro, Río la Colmena.

*La familia de parónimos compuesta por río, rambla, rúa,
rue, rius—del latín* rivus—*sugiere que muchas vías de
comunicación fueron cauces que permanecieron secos, o con
poco caudal, durante miles de años, hasta devenir senderos,
como el desfiladero que conduce a la ciudad de Petra.*

MANUEL PEREIRA

LOS QUE REGRESAN

Nos pusimos en marcha cuando voló el último de los zorzales.
Yo hice en la tierra una marca con la punta del pie.

Caminamos, todo el día caminamos. Éramos tres, cinco, a veces
nueve.

El más viejo de nosotros hablaba en voz alta pero sus palabras no
coincidían con lo que podíamos ver.

Cada uno llevaba sus señales y el cuerpo para interpretarlas.

Ya bien entrada la segunda noche encendimos un fuego.

Uno que había estado con nosotros desde el principio, se quedó dormido junto a mí y comenzó a hablar entre sueños.

Por aquí pasa el agua, dijo.

¿En dónde?

No puedo señalar dónde.

Y con un movimiento volvió a su sueño. Lo cubrí con una manta y me quedé callado mirando las brasas apagarse.

Uno cargaba un puñado de monedas. Uno más llevaba colgando en el pecho un nombre. Otro, iba arrastrando un cajón de madera sobre la grava. Yo quería andar sin doblarme, sostener mi propio peso en una vertical. Queríamos resguardar nuestra procedencia.

Llevábamos una piedra en el zapato, granos para las aves, lo más preciado que reunimos bajo la bóveda.

Eran los días de las Grandes Obras y llamaban *construcción* a la cavidad.

Allá, un grupo de hombres trabajaba en las ruinas del próximo siglo.

Golpe a golpe, con puntas de acero, partían y pulverizaban las rocas. Eso fue lo que escuchamos. Que tenían las uñas negras de excavar.

Y otro aseguró que un pozo es el molde de nuestros días todavía sin romper.

Porque éramos más de uno, porque habíamos apretado el paso para no alejarnos de los demás, porque también estábamos buscando, nos reunimos.

Éramos del norte y del sur, de la parte baja de la cuenca, del oriente y del poniente, de puntos cardinales invisibles en los mapas. Porque todos, de alguna manera, veníamos del horizonte, nos reunimos.

En la madrugada una línea de luz apareció a lo lejos.

No fue la primera, mas era distinta para nosotros esta luz; igual que en los viejos libros, separó lo que estaba unido en la oscuridad y nos fue aclarando las formas. Se separó arriba de abajo.

Y no vimos el agua, pero algo revoloteó en la superficie.

Arriba la gran bóveda y nosotros abajo.

Arriba el reverso del agua y nosotros abajo.

Fue en la mañana del cuarto día que pudimos ver hacia dónde. Tuvimos pan, sol y claridad.

Éramos el que pierde una llave y la tiene en la mano; el camino estaba vivo en nosotros y era bueno, y era manso bajo los pies.

Seguimos andando. Éramos las palabras que van a llegar.

Lo que amábamos se movía también hacia adelante, como nosotros, con nosotros. Había ternura en la forma en que pesaba la luz y en los rastros que habían dejado los animales. Cedíamos a la misma fuerza que abre los botones de los nísperos y que dobla y quiebra las varas.

Yo repetía el sonido de mis nueve sílabas y por un momento sentí que podía llamar a los árboles por su nombre.

Detrás del cerro, el cauce. Detrás del cerro están las luces encendidas, dijo.

Recuerdo una puerta dócil en la última hilera en el costado izquierdo del callejón. Y señaló un punto perdido en la distancia. Detrás del cerro.

Nosotros queríamos que nos llevara, que nos hiciera entrar.

Es probable que la mesa esté servida, dijo.

Detrás del cerro, el cauce. Detrás las luces encendidas. Detrás, detrás, como si en el reverso de las cosas, como si detrás de la cara que vemos se escondiera siempre el pedazo que falta.

Pero detrás del cerro, el cerro. Y el cauce era una cuenca vacía.

Por aquí el agua, dijo. Y señaló como un dios torpe una hondonada seca.

Los paisajes no conservan lo que sucede en su extensión. Un cauce no guarda el agua corriente del río; las piedras no retienen los musgos, no guardan el vuelo de los pájaros que pasan, no acumulan las sombras.

Nosotros queremos llegar al lugar que nos llama. Pero seguimos un camino trazado en la memoria y nuestra línea recta es espiral.

Con los zapatos muy pesados, con el cuerpo como una punción, bajamos por el cauce.

Y sólo encontramos piedras.

Piedras levantadas, con nombres y fechas, piedras con colores y formas diferentes. Era un campo listo para la labranza.

Me separé del grupo y caminé con cuidado para no pisarlas. Yo quería encontrar la piedra de mi abuelo.

Y también estaban las piedras anónimas, apiladas una sobre otra. Las piedras con las que hicieron los muros, los muros con los que levantamos casas.

Pero los paisajes también conservan lo que sucede en su extensión.

También las piedras guardan el fuego y a fuerza de agua o viento se pulen.

Si los animales duermen ahí, si ahí crece un cardo o madura una fruta; si un grupo de personas atraviesa el cerro a la madrugada, el territorio como una vasija se va llenando hasta que ya no puede contener, y se derrama.

Por rumores supimos que los otros se reunieron en la oscuridad. Que tenían la luz pero la usaban para cegar. Que tenían las palabras y las usaban para dividir.

Ellos eran los que no dejaban pasar, los que habían cerrado las puertas. Eran los de las manos teñidas de rojo, los amargos del siglo, los iracundos rompedores de huesos.

Y también se movían hacia adelante.

Como quien gira la cabeza un segundo y al voltear no encuentra nada, o el que observa un punto lejano en el cielo y lo mira desaparecer; como quien *pierde de vista*.

Así lo que creímos evidente nos abandonó en la madrugada.

O no sabemos si apresuró el paso, si esa claridad está rezagada o si viaja con ellos, si la robaron. Si la volveremos a ver.

Ninguno de los que estábamos ahí sabía por dónde entraron los teñidos de rojo, los del cráneo brusco.

Y con mucho pesar uno de los nuestros dijo: Abrimos una puerta, la dejamos abierta toda la noche.

No. Ellos estaban aquí antes de las puertas.

Ellos al mismo tiempo que nosotros.

Todas las horas son su hora.

Aunque también es nuestra.

Pero movidos por qué aire violento, hijos de qué huracán.

Cuál es su fuerza honda, brusca, tutelar. Bajo qué oscura idea se reunieron. Cuál es el negro plomo de su signo.

Estuvimos muy quietos rumiando estas preguntas sin saber dónde acomodar el miedo (en los toscos cajones de madera, o en los zapatos que no nos podemos calzar).

Y nadie quería seguir andando.

Y uno de nosotros tomó la palabra:

También ellos tienen sed, dijo. Y son el corazón dolido de
alguien. Como los animales que cazan, la zarpa atenta, su mane-
ra de estar vivos es muerte.

Y esto pesó mucho en los ánimos, y pareció que los pájaros iban
más lento y que ahora viajaban en dirección opuesta.

Esa misma tarde estuvimos dando vueltas alrededor de un mismo punto. Orbitábamos por la gravedad de los hechos. Girar era nuestra manera de ir.

Alguien alzó la voz y sus palabras erraron como en las manos nerviosas de un cartero que no da con la dirección.

Como no somos el animal que permanece agazapado, el cuerpo hecho un ovillo, esa tarde estuvimos dando vueltas.

Desapareció el camino y cierta dulzura en la mirada. Desaparecieron más de cien tordos e incontables palomas. Desapareció el cajón de las velas. En con*templar* desapareció el templo. En con*siderar* desaparecieron el cielo y las estrellas. Y una tarde desapareció Raúl. Sus tumbos y sus flores.

Desaparecieron o cambiaron de lugar.

Aparecieron escarabajos diminutos en los brotes de un árbol. Apareció una espina con la forma de un pez. Y no pudimos explicarnos cómo llegó un olor a lluvia en la mañana. Apareció una caligrafía en las piedras y un venado muy quieto en el sendero. Cardos, tordos y nidos entre los árboles.

Aparecieron o cambiaron de lugar.

En la mañana, uno de los que venían del cerro se puso a silbar mientras andábamos.

Clarín es el nombre del pájaro. Lo escuché un mediodía; había otras jaulas también, y en el espacio entre alambres, rojos, pardos, canarios y periquitos serenos en la garganta.

Y siguió silbando toda la bajada de San Juan. Y yo recordé su canción por otra boca y quise romper algo de barro.

Iba a llover. Bajaron las nubes. Venían muy cargadas y olía a humedad. Cerré los ojos.

No puedo recordar su nombre pero reconozco su voz y el vai-
vén de su cuerpo cuando avanzaba arrastrando la pierna.

Sabía leer los pájaros y el recorrido de las hormigas. Para noso-
tros eran importantes las correspondencias entre arriba y abajo.

Hacia el mediodía, nos sentamos en círculo bajo la sombra de un
árbol. Uno al que llamaban el Cuervo, y que no había abierto la
boca desde que salimos, repartió higos maduros que partimos a
la mitad con la yema de los dedos.

Y desde la parte alta de la loma pudimos ver a lo lejos las ruinas que asomaban como lomos de bestias. La ciudad era una estampida inmóvil.

Este es el lugar donde se unen las cordilleras, esta es la alta región donde se anudan, este es el recipiente de las aguas al que vienen los animales para beber.

Y esta hilera encendida en la cañada, somos nosotros bajando a la cuenca como luciérnagas que caminan.

El de Remedios tomó la palabra:

La casa en la que crecí era de piedra pero la hicieron sobre el lodo. También de piedra la calle y los arcos, y de piedra la pila bautismal que nombró a los días y a los fantasmas.

La ciudad en la que crecí era de piedra pero se hunde en lodo.

Entramos porque la puerta estaba abierta. Lo llamamos varias veces por su nombre y sólo nos respondió el eco de nuestra voz. La cama estaba destendida, las cortinas cerradas. Lo llamamos por su nombre.

Buscamos en la azotea y detrás de los muebles. Repetimos su nombre hasta que el nombre dejó de ser nombre y era ya sólo un sonido seco salpicando las paredes de casa.

Esto es lo único que queda de él: en una de las paredes del patio su crecimiento fue marcado con la punta de un lápiz.

Marginalia del cuerpo sobre el muro.

La espalda recargada contra la piedra fría y todos los años una línea horizontal trazada por encima de la cabeza.

Aquí se ve una marca por el año en que dio el limonero, y hay otra marca por la aparición de los dientes. Y esta última marca es su límite con el mundo.

Ya en la noche, su hermano hizo preguntas al cuerpo, pero el cuerpo no respondió como antes. Estaba muy oscuro, no podría decir si había pájaros volando o si alguien más se movía.

Acostado en el suelo, boca arriba y de noche, abrí los ojos y los pude ver. Eran los que caminaban conmigo; estaban flotando, sus cuerpos suspendidos por encima de mí.

Pero no brillaban, allá arriba no brillaban; sus cuerpos eran opacos como los planetas.

Queremos encontrar el agua fresca para lavarnos, para meter las manos y la cabeza y mojarnos la sed.

No queremos la tristeza de los sedentarios, el luto de lo inmóvil. No queremos, sentados, verlos pasar.

Estamos todos de pie y moviéndonos por amor o por instinto.

Buscamos el cuerpo vivo del agua, queremos el cuerpo vivo del agua.

Por voz del viejo supimos que habían partido en dos las aguas. Antes de nosotros, en los días de los granos, levantaron bajo el peñón un muro y las aguas saladas ya no pudieron pasar.

Y ese año el agua dulce llenó las jícaras y las bocas, los pulmones de un cerdo que flotó en los canales.

Toda la sal revuelta, toda la sal ahogada y también la sal seca. Y una isla de sal en medio del agua y un charco de agua en la raíz salada y después ya nada, ni agua ni charco ni sal.

No teníamos el mismo tamaño, no éramos los mismos.

¿Cuántos éramos?

Éramos los del principio. Éramos dos, tres, a veces nueve. No recuerdo.

¿Cuántos éramos?

Nadamos en el río en la mañana. El agua era dura, mojaba ardiendo. La corriente era mansa y no arrastraba, pero no recuerdo cuántos éramos.

Vamos como ciegos marchando en fila. No es aquí donde queremos llegar. ¿Era el cuerpo de agua lo que buscábamos?

El de San Juan desde hace días piensa que ya estamos en casa. El Cuervo siempre cree que estamos por comenzar. El viejo no ha abierto la boca. No sabemos si estamos yendo o vamos de vuelta.

Somos las palabras que van a llagar.

Un peso muy grande nos arrastraba hacia abajo. No era la gravedad.

Y decidimos hablar en voz alta, no dejar caer la voz, mantenerla como una flama. Y repetimos una y otra vez: el agua que se va debe volver, el agua que se va debe volver.

Porque las cosas no desaparecen, un gallo cantó en la mañana y hubieron grietas nuevas en los muros.

Yo abrí la boca pero no acerté y mi boca fue la cavidad.

Todas las islas van a hundirse. El agua va a subir, las islas van a hundirse.

No hay agua.

Paciencia. Las islas van a hundirse. Los flancos, las pequeñas playas que se forman en la orilla. Todas las islas van a hundirse, dijo.

¿Qué es una isla? pregunté.

Una isla es cuando no encuentras tus zapatos en la mañana. Una isla son palabras que no sabes cómo decir y parece que flotan pero te están tocando la lengua. Una isla es el recuerdo de tu madre. Una isla es un lomo asomándose en el agua.

No veo ninguna isla.

Estamos sobre una isla, ¿no lo ves? Estamos flotando.

Aquí no hay agua.

Todas las islas van a hundirse, todos los valles. No van a arder. Van a hundirse con nosotros en el agua.

En la catedral de las cosas secas, entrelazamos los dedos de las manos y alzamos una oración por los que piensan que no vamos a arder.

Afuera se han reunido para quemar las barcas. Tienen el fuego pero nada con qué apagarlo.

La única barca es nuestro cuerpo, dijo.

Lo sabemos.

Hasta nosotros llegaron los rumores de que el agua estaba creciendo.

Es lo que estábamos esperando, ella es nuestra niña perdida y nosotros el padre que busca entre los pies de la gente.

No, dijo el viejo, ella es nuestra madre y nosotros los niños perdidos en la plaza principal.

Río de los Remedios, río de la Piedad, río Magdalena, río Consulado, río San Joaquín, río de las Avenidas, río San Juan Teotihuacán, canal de la Compañía, río San Buenaventura, canal de Chalco, canal de la Viga, río Mixcoac, río Hondo, río San Rafael, acueducto de la Verónica, río Ameca, río Tlalnepantla, río Tacubaya, río San Javier, río Tepotzotlán, río San Pedro, río la Colmena.

No puede enterrarse el cuerpo del agua, siempre regresa, no sabe desaparecer.

Caminamos para sentir el agua, para acercarnos a un cuerpo más grande que el nuestro, para verificar que nuestra boca, manos y dientes están en el mismo lugar, en este mundo.

Cerca de nuestras palabras con el mundo, la red que reúne todas las cosas bajó sobre nosotros. No los ovillados; los extendidos y con la fuerza que tira hacia arriba. Nuestro tamaño es la vertical.

No recogidos, desdoblados y hacia arriba con la fuerza que sostiene a esta piedra en el aire.

LOS QUE REGRESAN

María Eugenia

Lo invisible era el signo de su casa. Desplazaba su cuerpo para dejar espacios en blanco entre los muebles. Gorriones y pordioseros bajaban a tomar agua del patio.

Ella ofrecía la música de los objetos abandonados, un violín con el arco roto, tallos secos, una balanza equilibrada por el polvo. Hubo tensión en los objetos de su fe, calendarios en los pesebres. En su cocina el agua siempre hirvió a fuego lento.

FERNANDO

El cuerpo extendido sobre el sillón como una barca a punto de zarpar a la una de la tarde del sábado. Las manos cruzadas sobre el pecho son los remos inmóviles de la navegación. Tendido en el centro de la sala, viaja en el laberinto de su cuerpo con la cabeza cubierta de luz. Sus hermanos parten los panes en la mesa y los ponen en boca de sus hijos. Y ahora la barba le nace en los pómulos, y a punto de zarpar, Fernando es la pregunta que su cuerpo hace y no podemos responder.

Elena

Despertaban con la lentitud de los animales. Tenían el tacto y la respiración, piel en las madrugadas. Con las primeras luces, su nuca era una madriguera de hilos oscuros. Y la música venía de la nada a la voz y al movimiento discreto de su cuerpo en la recámara.

Estas fueron las manzanas maduras que no recogimos del suelo.

MANUELA

Recordaba el nombre de sus padres y la madrugada en que viajó en carreta. Las farolas, el empedrado bajo los cascos de los caballos.

Hija de la que murió muy jovencita. Sus manos fueron tibias y supieron reconocer los rostros que tocaban.

Afuera, en el patio, toda la noche ladraron los perros a alguien o algo que no podía ver.

IGNACIO

Hay inquietud en el acero oxidado de los puentes, en su manera de suspenderse sobre el agua que pasa. Un puente no es la unión de dos orillas, un umbral no es una puerta. La inmovilidad está viva en la corteza de los árboles.

En este cuerpo hubieron años, palabras, oscilación. La tarde en que murió mi padre caminé entre la gente.

María Cecilia

No habrá sombra bajo las ramas, ni brotes en el polvo. Los que no nacieron tendrán sed y a lo lejos escucharemos al más peque-ñito moverse con la fuerza perdida.

Y ella saldrá de la casa, se acercará hasta él con agua en el cuenco de las manos y se la pondrá en la boca para que beba.

CARMEN

Hay que permanecer en silencio para que venga el rumor. A los costados, detrás de mí, encima de nosotros.

Es la voz en el radio que se queda entre estación y estación, aleluya. Es el pliegue de las cortinas, los motores que tardan en encender.

Son los nudillos de mi hijo.

Hay que cerrar los ojos. De niñas, mis hermanas y yo cantamos para el dios invisible de las bancas.

Pablo

Veo el lugar en donde estuvo el muelle, las cenizas de la leña. Cae una silla.

Veo la mansedumbre de las máquinas por las noches. Los platos vacíos. La casa desordenada de los animales. Veo a la multitud siguiendo por una calle estrecha el llamado de su muerte. Y qué blandos sus huesos.

Veo la respiración de mi madre mientras duerme, el corazón de las preguntas.

Irma

Cuando cierras los ojos al hablar, imagino que vienes del abismo a tus palabras, que vienes de la oscuridad a la luz doméstica de los cuerpos.

Cuando cierras los ojos, tus palabras son sombras que se alargan por la recámara, más allá de la puerta, y más allá aún, hacia la calle. Sombras que se alargan sin romperse.

Anáhuac

Río de los Remedios, río de la Piedad, río Magdalena, río
Consulado, río San Joaquín, río de las Avenidas, río San Juan
Teotihuacán, canal de la Compañía, río San Buenaventura, canal
de Chalco, canal de la Viga, río Mixcoac, río Hondo, río San
Rafael, acueducto de la Verónica, río Ameca, río Tlalnepantla,
río Tacubaya, río San Javier, río Tepotzotlán, río San Pedro,
río la Colmena.

LOS QUE REGRESAN

Antes (dicen los libros),
el acueducto
bajaba desde el nacimiento
hasta la boca del pozo.
      Todo el día y toda la noche
      se escuchaban los guijarros
      corriendo en el agua.
Y nosotros sólo encontramos un montón de piedras
extendidas por el terreno. Zapatos abandonados,
latas, condones, botellas rotas.

      Ahora ya está tapado el ojo de agua.
      Pero quedan los tuertos.

Fue a un costado de los arcos el 21 de septiembre de 1948.

Pablo, hijo de Luz y de Pablo.

Eugenia, única hija de Isabel. No se tiene registro del nombre de su padre.

> Ven a la sombra.

> Aquí.

> Bajo la sombra.

Conocemos la escena:

Eugenia miraba las sombras de los árboles proyectadas en la grava

> (esto es todo lo que hay de nosotros).

Él escribía su nombre en la corteza de un árbol con letras mayúsculas

> (esto es todo lo que hay de nosotros).

Ella usaba un vestido blanco en el que años más tarde crecieron flores.

Flor de la luna, acacias, margaritas, bromelias, buganvilias,
    flor del cuervo, jacintos, flor del árbol de manitas,
todas con hilos
perfectamente enhebradas.

Sólo digo que hundieron los pies
en el barro
y que era espeso y caliente
(vivo como una entraña viva
y abierta en lo húmedo de la lama).
No era gravedad la fuerza que los movía hacia adentro.
No era gravedad.
Sólo digo que
esa tierra se endureció como otra piel en la piel
y a la sombra del árbol
hizo nuevas hendiduras en su cuerpo.

Y se preguntan cómo llegó aquí,
de dónde la trajeron. Quién, sobre todo
quién.

No saben si es la misma por la que lloró Eduardo,
si es la que habitaba los pozos
o si fue más blanda por la mañana.

Y ya está tapado el ojo de agua.

Los que estaban reunidos
poco a poco fueron alzando la voz.
Decían: Yo la vi,
ayer pasó a unos metros de la casa.
Hace una semana yo la escuché,
reconozco sus pasos
como si fueran míos.

Mas nunca se sabe lo que se está mirando
por última vez.
Toda hora es despedida.

Cómo se nombra un cuerpo
de agua,
cómo se nombra a un río.
Se llama la corriente o la hendidura,
la gruta en la que nace,
lo que deja en los márgenes
o lo que arrastra.

¿Se nombra el cauce vacío
o el nacimiento del agua?

Esto (que no aparece en los registros)
fue lo que nos dio a ver:
bajaron del cielo abierto tres pájaros.
Uno negro y veloz
que sólo sabía graznar de noche
y robaba los granos.
Otro, como injerto de fruta extraña,
se escondió adentro de un árbol
y no lo volvimos a ver.

Y la última era ave de carroña
y no ha dejado de volar en círculos
sobre el lugar donde pasaba el agua.

Ella miraba la sombra de su cuerpo sobre la grava
y se confundía su sombra con la sombra
de las ramas del árbol
y si el aire soplaba era una sola
sombra la que en la tierra se movía.

Estatura: 153 cm.

Tez: Morena. Morena clara.

Señas particulares: Tiene tres lunares pequeños bajo el maxilar y forman una línea ascendente que apunta más allá de su cuerpo. Una cicatriz con forma de óvalo en el vientre. Una cicatriz de quemadura en la palma de la mano. Llevaba el cuello descubierto.

Estaban colgadas de la rama más baja
y no rozaban la tierra.

A la distancia parecía
que alguien había adornado el Sabino
con banderas de colores
para las fiestas de mayo.

Pero al salir de la curva
se veían con claridad los bultos
de las ropas colgadas.

No se escuchaban las voces
de los que estaban bajo el agua.
Bestia mansa;
no se movía el lomo del cauce.

Magdalena, Remedios y Piedad,
cuerpos secos por donde no corre el agua,
haríamos una cuenca en las manos
para mojar su nombre.

A esta hora en los traspatios
las piedras de afilar
se visten de luto.

Magdalena, Remedios, Piedad,
la oscuridad es una forma de paciencia.

Lo quebrado no es el maíz
son las bocas que florean a puños
(en las fotografías ellos muestran los dientes blancos y romos),
lo que truena por dentro
y no se corta de tajo.

Lo quebrado
es lo que está ganando tensión,
el gesto convertido en mueca.

Se reunieron a su alrededor
los curiosos
y buenamente abrieron una zanja
y la pusieron ahí para enterrarla;
la tierra no era negra,
era roja.
Entre todos la metieron
en la oscuridad del recipiente.

Un día cosecharás lo que sembraste.

Río de los Remedios, río de la Piedad, río Magdalena, río Consulado, río San Joaquín, río de las Avenidas, río San Juan Teotihuacán, canal de la Compañía, río San Buenaventura, canal de Chalco, canal de la Viga, río Mixcoac, río Hondo, río San Rafael, acueducto de la Verónica, río Ameca, río Tlalnepantla, río Tacubaya, río San Javier, río Tepotzotlán, río San Pedro, río la Colmena.

About the Author

Javier Peñalosa M. was born in Mexico City, where he lives. A writer of poetry, children's books, and screenplays, he holds a BA in education and an MFA in creative writing from NYU. He is the author of the poetry volumes *Aviario, Los trenes que partían de mí, Los que regresan,* and *H.* He has received fellowships from La Fundación para las Letras Mexicanas (FLM), Mexico's National Fund for Culture and the Arts (FONCA), and the Immigrant Artist Program from the New York Foundation for the Arts. He was awarded the Enriqueta Ochoa National Poetry Prize in 2009 for *Los trenes que partían de mí,* as well as the Joaquín Xirau Icaza Poetry Prize in 2017 for *Los que regresan.* His poems have appeared in numerous magazines and anthologies, both national and international, as well as in films and plays. As a screenwriter, he has contributed to series such as the acclaimed *Juana Inés, Green Frontier, Malinche, The Eternal Feminine,* and *Have a nice day!,* among others. He is author of the children's books *El día que María perdió la voz, Historia de Ele Chiquita, Un grandioso desorden, Un golpe de viento, La liberación de los parques,* and *El recreo.* He is working collaboratively on various multidisciplinary projects.

About the Translator

Robin Myers is a poet and Spanish-to-English translator. Her latest book-length translations include *Copy* by Dolores Dorantes (2022), *The Dream of Every Cell* by Maricela Guerrero (2022), *Salt Crystals* by Cristina Bendek (2022), *The Book of Explanations* by Tedi López Mills (2022), *Bariloche* by Andrés Neuman (2023), *In Vitro: On Longing and Transformation* by Isabel Zapata (2023), *A Whale Is a Country* by Isabel Zapata (2024), and *The Brush* by Eliana Hernández-Pachón (2024). Other translations have appeared in *Granta, The Baffler, The Kenyon Review, The Common, Harvard Review, Two Lines, Waxwing,* and elsewhere. A 2023 National Endowment for the Arts Translation Fellow, she was longlisted twice for the 2022 National Translation Award in poetry. As a poet, her work has appeared in *Guernica, The Best American Poetry 2022, The Drift, Poetry London, The Yale Review, Denver Quarterly, Annulet: A Journal of Poetics,* and *The Massachusetts Review,* among other journals.

Poetry is vital to language and living. Since 1972, Copper Canyon Press has published extraordinary poetry from around the world to engage the imaginations and intellects of readers, writers, booksellers, librarians, teachers, students, and donors.

WE ARE GRATEFUL FOR THE MAJOR SUPPORT PROVIDED BY:

academy of american poets

OFFICE OF ARTS & CULTURE
SEATTLE

amazon literary partnership

THE PAUL G. ALLEN FAMILY FOUNDATION

4 CULTURE

POETRY FOUNDATION

Hawthornden Foundation

the POINT
envision·enact·evolve

INGRAM CONTENT GROUP

Lannan

 WASHINGTON STATE ARTS COMMISSION

 National Endowment for the Arts
arts.gov
ART WORKS.

The Witter Bynner Foundation for Poetry

TO LEARN MORE ABOUT UNDERWRITING
COPPER CANYON PRESS TITLES,
PLEASE CALL 360-385-4925 EXT. 103

WE ARE GRATEFUL FOR THE MAJOR SUPPORT PROVIDED BY:

Anonymous

Richard Andrews and
  Colleen Chartier

Jill Baker and Jeffrey Bishop

Anne and Geoffrey Barker

Donna Bellew

Will Blythe

John Branch

Diana Broze

John R. Cahill

Sarah Cavanaugh

Keith Cowan and Linda Walsh

Peter Currie

Stephanie Ellis-Smith and
  Douglas Smith

Mimi Gardner Gates

Gull Industries Inc.
  on behalf of William True

Carolyn and Robert Hedin

David and Jane Hibbard

Bruce S. Kahn

Phil Kovacevich and Eric Wechsler

Maureen Lee and Mark Busto

Ellie Mathews and Carl Youngmann
  as The North Press

Larry Mawby and Lois Bahle

Petunia Charitable Fund and
  adviser Elizabeth Hebert

Suzanne Rapp and Mark Hamilton

Adam and Lynn Rauch

Emily and Dan Raymond

Joseph C. Roberts

Cynthia Sears

Kim and Jeff Seely

Tree Swenson

Barbara and Charles Wright

In honor of C.D. Wright,
  from Forrest Gander

Caleb Young as C. Young Creative

The dedicated interns and faithful
  volunteers of Copper Canyon Press

The pressmark for Copper Canyon Press
suggests entrance, connection, and interaction
while holding at its center
an attentive, dynamic space for poetry.

This book is set in MVB Verdigris Pro.
Book design by Gopa & Ted2, Inc.
Printed on archival-quality paper.